AF494474

14 mai 1888 P

TABLEAUX

ANCIENS ET MODERNES

Provenant de la Collection de M. le comte D***
Duchatel

VENTE HOTEL DROUOT, SALLE N° 8

Le Lundi 14 Mai 1888

A TROIS HEURES

Me ESCRIBE	MM. HARO Frères
COMMISSAIRE-PRISEUR	PEINTRES-EXPERTS
6, rue de Hanovre	14, rue Visconti et 20, rue Bonaparte

1888

11513. — Imprimeries réunies, A, rue Mignon, 2, Paris.

CATALOGUE

DES

TABLEAUX

ANCIENS ET MODERNES

ŒUVRES IMPORTANTES PAR

J. RUYSDAEL, TÉNIERS, DECAMPS, J. BRETON
MEISSONIER, ETC.

Provenant de la Collection de M. le comte D***

DONT LA VENTE AURA LIEU

HOTEL DROUOT, SALLE N° 8

Le Lundi 14 Mai 1888

A TROIS HEURES

EXPOSITION PARTICULIÈRE	EXPOSITION PUBLIQUE
Le Samedi 12 Mai 1888	Le Dimanche 13 Mai 1888

DE UNE HEURE ET DEMIE A CINQ HEURES

Me ESCRIBE	MM. HARO FRERES
COMMISSAIRE-PRISEUR	PEINTRES-EXPERTS
6, rue de Hanovre	14, rue Visconti et 20, rue Bonaparte

1888

CE CATALOGUE SE DISTRIBUE

A PARIS, CHEZ

Me ESCRIBE	MM. HARO Frères
COMMISSAIRE-PRISEUR	PEINTRES-EXPERTS
6, rue de Hanovre	14, rue Visconti et 20, rue Bonaparte

CONDITIONS DE LA VENTE

Elle sera faite au comptant.

Les acquéreurs payeront *cinq pour cent* en plus du prix d'adjudication.

PRIX DU CATALOGUE ILLUSTRE : 15 *francs*

TABLEAUX

ANCIENS

BERCHEM (Nicolas)

1 — L'Embarquement.

Au premier plan, à droite, divers personnages : une dame de qualité à cheval, des seigneurs et des matelots. Plus loin, des troupeaux que l'on embarque. Au fond, la mer et plusieurs navires. Ciel nuageux.

Signé à gauche.

B. — H., 0^{m},32. L., 0^{m},44.

LAMBERT-LOMBARD

(LAMBERT, *dit* SUSTERMAN)

2 — Le Baiser de Judas.

Judas s'avance à la rencontre du Christ, qui est amené les mains liées, et lui donne un baiser.

Saint Pierre brandit un coutelas qu'il vient de dégainer et va frapper Malchus renversé sous ses pieds. Derrière suit la foule : des porteurs de torches, des soldats revêtus d'armures bizarres richement ciselées et ornementées comme le peintre se plaisait à les représenter.

Suivant la coutume de cette époque, le même tableau contient plusieurs sujets.

Au second plan on voit le Christ, accompagné des deux larrons, qui est amené devant le grand prêtre, assis sur un trône sous un portique à colonnes richement ornées.

Au fond, dans le lointain, la ville de Jérusalem.

Lambert-Lombard, qui passait pour l'homme le plus savant de son siècle, fut élève de Jean de Mabuse et condisciple de Bernard van Orley avec lequel on a pu confondre quelquefois ses ouvrages. Ces artistes avaient une architecture spéciale, transition du style gothique au style de la Renaissance, architecture qu'ils agrémentaient d'ornements de cuivre, de marbres de couleur et de pierres précieuses.

La collection Schneider renfermait deux ouvrages importants de Lambert-Lombard qui provenaient de la galerie du roi des Pays-Bas, Guillaume II. Dans ces deux tableaux on remarquait la même exécution minutieuse et la même recherche dans l'ornementation fantaisiste des armures.

Très bel état de conservation.

B. — H., 0m,53. L., 0m,49.

NEER (Eglon-Henri Van der)

3 — Réunion galante.

Accoudé sur une table, un jeune cavalier cause galamment avec une jeune femme qui lui tend un verre; derrière, une autre femme prend l'argent que vient de déposer un jeune seigneur.

Au fond, dans une seconde chambre, devant une cheminée, une servante s'occupe des soins du ménage, un cavalier allume une pipe et près de lui, debout, un autre personnage tient un verre.

T. — H., 0^m,44. L., 0^m,36.

NEER (A. Van der)

4 — Les Bords de la Meuse; paysage; effet de lune.

4000 / 2950

Au premier plan, des pêcheries et diverses figures. A gauche, au bord de la rivière, le village dont les maisons sont entourées d'arbres; plus loin, un moulin sur une langue de terre. A droite, d'autres villages le long de la rive; on aperçoit une église au-dessus des arbres. Sur le fleuve, plusieurs barques.

La lune se dégage des nuages et se reflète dans la Meuse.

Aucun peintre n'a rendu aussi bien que A. Van der Neer les effets variés de lumière et d'ombre, la profondeur poétique et la tranquillité de la nuit.

Signé à droite du monogramme.

T. — H., 0^m,65. L., 0^m,85.

NEER (Attribué à)

5 — L'Approche de l'orage; plage de Scheweningen; marée haute.

Au premier plan, des chasseurs; l'un d'eux recharge son fusil; plus loin, des cavaliers venant du village dont on aperçoit la vieille église. A gauche, au bord de la mer, divers personnages ; au fond, des pêcheurs, des baigneurs, et, près des dunes, plusieurs barques. Ciel d'orage.

T. — H., 0^{m},91. L., 1^{m},18.

OSTADE (Adrien Van)

6 — Les Harangueurs.

5000
3500

Plusieurs paysans sont à une fenêtre ; l'un d'entre eux, tête nue, se penche au dehors et lit une proclamation à la lueur d'une chandelle.

La finesse de l'exécution fait oublier la laideur des personnages dont le caractère comique est rendu avec vérité.

Une inscription, placée derrière le tableau, mentionne qu'il provient du cabinet du baron Boronowski et du cabinet du duc d'Arenberg.

Ce même sujet a été gravé à l'eau-forte par Ostade.

T. — H., 0m,27. L., 0m,22.

RUBENS (P.-P.)

7 — Le Comte Roger de Sicile découvre la retraite de saint Bruno.

Roger, comte de Sicile et de Calabre, est conduit par hasard près de saint Bruno; saisi de respect, il descend de cheval, met un genou à terre et joint les mains en signe d'admiration.

Esquisse.

B. — H., 0^{m},24. L., 0^{m},19.

RUYSDAEL (Jakob)

8 — Paysage.

12000
5000

La vue de ce paysage est prise d'un endroit élevé qui permet aux regards de l'embrasser tout entier.

A gauche, une grande route traversant des monticules de sable. Au second plan, un village au milieu d'un bois; plus loin, une vaste plaine entrecoupée de petits taillis à travers lesquels on aperçoit un canal sillonné de barques; à l'horizon, près de la mer, de nombreuses prairies ou *polders*, vastes terrains conquis sur la mer.

Sur la route, au premier plan, plusieurs petites figures de pêcheurs et de cavaliers finement et spirituellement peintes.

Aucun pays au monde n'est traversé par autant de canaux; les côtes de la Hollande, baignées par la mer du Nord, sont sablonneuses et très basses. Aussi, malgré les gigantesques travaux d'endiguement, sont-elles souvent ravagées par la mer.

Signé du monogramme à droite et daté.

Gravé par Toussaint.

T. — H., 0m,27. L., 0m,39.

SNYDERS (François)

9 — La Chasse à l'ours.

Dans une vaste campagne, éclairée par les rayons du soleil couchant, des chasseurs sont parvenus à atteindre un ours qu'ils criblent de coups de lance et d'épieu ; l'animal se défend avec fureur et a déjà terrassé un des chiens dont il est entouré.

Composition exécutée grandeur nature.

T. — H., 2^{m},46. L., 2^{m},20.

TÉNIERS (David)

10 — La Tentation de saint Antoine.

10000
5200

Saint Antoine, l'un des instituteurs de la vie monastique, est né, l'an 251, d'une riche famille chrétienne, dans un village de la Haute-Égypte. Jeune encore, il distribua ses biens aux pauvres et se retira dans les déserts de la Thébaïde où il fonda plusieurs monastères. Il mourut en 356, à l'âge de cent cinq ans.

Le saint est représenté agenouillé, les mains jointes, ayant devant lui un livre ouvert; il est entouré de nombreuses figures fantastiques, de démons, dont les uns lisent, les autres jouent et font un concert diabolique.

Ce sujet, souvent répété, a toujours été traité avec prédilection par Téniers, qui en a fait le motif de ses plus spirituelles compositions.

Très bon état de conservation.

Gravé par Toussaint.

B. — H., 0^m,28. L., 0^m,38.

TÉNIERS (David)

11 — La Foire de Gand.

Téniers a peint plusieurs fêtes flamandes ou grandes kermesses; il en existe des répétitions sur toile, sur cuivre ou sur bois et de nombreuses gravures avec variantes.

Ce tableau gagnerait beaucoup à être remis en ordre. Il faudrait enlever les retouches et les vieux vernis qui recouvrent en partie cette intéressante composition, animée par de nombreuses figures.

(Ancienne collection Stockman.)

T. — H., 0^{m},82. L., 1^{m},20.

TÉNIERS (David)

12 — Le Dîner des Singes.

1000

Nous reproduisons textuellement le catalogue de la vente Viardot où ce tableau figurait sous le n° 30 :

Téniers a varié à l'infini l'œuvre immense qu'il a produit en soixante années de travail. A la place de personnages humains, il a quelquefois mis en scène des Singes, et quelquefois il a rassemblé des Singes et des Chats. Mais il a su donner à ses bêtes autant d'esprit qu'à ses hommes, autant de physionomie, autant de gaieté. Dans ce petit tableau sur cuivre, signé de son monogramme, on trouve cette merveilleuse liberté de pinceau, cette exquise finesse jusque dans les moindres accessoires, qui faisait dire à Greuze : « Montrez-moi une pipe et je vous dirai que le tableau est de Téniers. »

Cette curieuse composition spirituellement touchée fait également penser par son exécution à Jean van Kessel, petit-fils de Breughel de Velours.

C. — H., $0^{m},20$. L., $0^{m},25$.

WITT (Emmanuel de)

13 — Intérieur d'un temple en Hollande au moment du prêche.

Tableau exécuté avec une science parfaite de la perspective ; figures bien dessinées et grassement peintes ; effet général très pittoresque.

Signé à droite au bas du pilier et daté.

B. — H., 0^{m},90. L., 0^{m},80.

BERCHEM (Nicolas)

19 — Port de mer ; vue prise en Italie.

Au premier plan à gauche, des chasseurs, un cavalier et une dame de qualité à cheval, donnent des ordres à un courrier debout auprès d'eux ; sur le devant du tableau, un valet tient des chiens accouplés. A droite, un pâtre et des bestiaux.

Au second plan, des matelots font entrer des animaux dans une barque pour les conduire à une galère que l'on aperçoit plus loin. Au fond, une falaise couronnée de fortifications.

Ciel nuageux, bel effet de soleil couchant.

T. — H., 0^{m},48. L., 0^{m},59.

HEYDEN (Jan van der)

20 — Église et place de ville en Hollande.

A droite, précédée d'un petit mur bas, une église à fenêtres ogivales; attenant à l'église, les chapelles d'un couvent dont on voit la porte monumentale surmontée d'un écusson. Plus loin, différentes constructions dans le style du temps. A gauche, une maison en briques à larges fenêtres ornementées, auprès de laquelle on voit des auvents et les tables d'un marché. Au-dessus des toits de l'église et du couvent se dresse le beffroi sur lequel est l'horloge de la ville.

Près de l'église des jeunes garçons jouent aux quilles; plus loin, divers personnages causent avec des moines, etc., etc.

Ces figures, peintes par A. Van de Velde, sont remarquablement harmonisées avec l'œuvre de Van der Heyden.

Les ouvrages de Van der Heyden ont, dans leur genre, atteint une valeur qui n'a pas encore été dépassée.

Ce tableau, qui peut être considéré comme un de ses plus parfaits, provient de la célèbre collection Van den Schrieck, de Louvain, dont la vente eut lieu en 1861.

Très belle signature sur le linteau de la porte du couvent et la date 1663.

B. — H., 0^m,48. L., 0^m,55.

RUYSDAEL (Jakob)

21 — La Cascade.

Dans une vaste et sombre forêt on aperçoit une rivière encaissée entre des rochers ; elle se précipite en cascades, dont les eaux écumantes entraînent dans leurs tourbillons rapides des arbres entiers déracinés.

La cascade se brise en deux chutes et roule avec fracas vers le gouffre qui l'attire. A gauche, des chênes touffus surplombent l'abîme ; l'un d'eux, brisé, est entraîné par le courant ; à droite, un rocher endigue le torrent tout en laissant l'eau s'échapper par ses cavités. Sur l'autre rive : la forêt, des sapins, au pied d'une colline boisée surmontée d'un château et de ses dépendances. Au fond, les gorges des montagnes dont on aperçoit les cimes couronnées d'épais nuages chassés par le vent.

Dans cette œuvre capitale et d'une couleur vigoureuse, Ruysdaël a rendu avec autant de poésie que de vérité le caractère grandiose de cette nature abrupte et sauvage.

Ce tableau exceptionnel passait pour le joyau de la collection Van den Schrieck, de Louvain, dont la vente eut lieu en 1861.

Bel état de conservation.

Signé à gauche.

T. — H., 1^{m},00. L., 0^{m},86.

VELDE (Willem van)

22 — Escadre hollandaise au mouillage.

Au premier plan, à droite, plusieurs barques et des pêcheurs sur le rivage ; à gauche, un petit bâtiment de guerre que rejoint une chaloupe ; au fond, dans le lointain, de nombreux vaisseaux.

Ciel nuageux.

Signé, sur une planche, du monogramme.

T. — H., 0^{m},37. L., 0^{m},44.

TABLEAUX

MODERNES

BELLY (Léon)

14 — Plaine de Djiseh (Égypte); soleil couchant. 2000 / 1200

Au premier plan, sur un terrain ombragé par de grands arbres, des troupeaux de chèvres, moutons, etc.; plus loin, des buffles traversent la rivière. Au fond, on aperçoit les pyramides éclairées des derniers rayons du soleil couchant.

Salon de 1859.

Signé à gauche et daté.

T. — H., 0^{m},90. L., 1^{m},25.

BRETON (Jules)

15 — Les Vendanges à Château-Lagrange (Saint-Julien, Médoc).

Une grande partie de ce territoire est plantée de vignes, dont la culture, source de fortune pour le pays, est faite avec des soins exceptionnels.

Dans les années d'abondance, on voit s'abattre sur la contrée des troupes de femmes et d'enfants accourus du Bazadais, du Libournais et même des Pyrénées.

Salon de 1864.

Signé à gauche et daté 1864.

Gravé par Lalauze.

T. — H., 0^{m},92. L., 1^{m},72.

DECAMPS

16 — Intérieur de paysans italiens.

3000
7000

Des paysans italiens sont attablés. Un jeune garçon est accoudé sur la table sur laquelle on aperçoit du pain, une fiasque et divers accessoires.

Sur le mur, éclairé par un rayon de soleil, une image de la Madone devant laquelle brûle une petite lampe, un fusil, une gourde, etc.

Gravé par Muller.

T. — H., 0^m,55. L., 0^m,46.

MEISSONIER

40000
40000

17 — Un Poète.

Nous reproduisons textuellement la désignation de ce remarquable petit tableau donnée dans le catalogue de vente du duc de Morny, où il figurait sous le n° 24 :

Vêtu de gris et assis devant une table de travail, près d'une fenêtre, il mord le bout de sa plume, relisant attentivement ce qu'il vient de composer.

L'observation et la finesse de l'exécution font de ce ravissant petit tableau un véritable chef-d'œuvre.

Gravé par Lalauze.

Signé à droite et daté 1859.

B. — H., 0m,22. L., 0m,16.

PRUD'HON (Pierre)

18 — La Vertu aux prises avec le Vice. 5000/1900

Cette composition a été lithographiée plusieurs fois avec variantes.
Collection Boisfremont.

T. — H., 0^m,44. L., 0^m,36.

14513. — Imprimeries réunies, A, rue Mignon, 2, Paris.

CARTE D'ENTRÉE

EXPOSITION PARTICULIÈRE

TABLEAUX ANCIENS ET MODERNES

PROVENANT DE LA COLLECTION DE M. LE COMTE D**

Le Samedi 12 mai 1888, de 1 heure 1/2 à 5 heures

HOTEL DROUOT, SALLE N° 8

Me ESCRIBE	**MM. HARO Frères**
COMMISSAIRE-PRISEUR	PEINTRES-EXPERTS

14559. — Imp. réunies A.

www.ingramcontent.com/pod-product-compliance
Ingram Content Group UK Ltd.
Pitfield, Milton Keynes, MK11 3LW, UK
UKHW022153170726
13837UKWH00004B/1963

9 782329 493763